내 스마트폰이
아프리카에 있대요

내 스마트폰이 아프리카에 있대요

글 양혜원 | 그림 소복이

위즈덤하우스

• 차례 •

1 구닥다리 우리 집 · · · 8
- 전자 쓰레기가 뭐지?
- 전자 쓰레기, 얼마나 많이 나올까?

2 휴대전화 하나에 깃든 인류애 · · · 18
- 서랍에서 잠자는 휴대전화
- 전자 쓰레기는 어디로 갈까?

3 네가 정녕 휴대전화더냐? · · · 26
- 전자 쓰레기가 얼마나 위험해?
- 안 쓰는 휴대전화는 어디에 버릴까?

4 우리는 도시 광산 탐험대 · · · 36
- 휴대전화 분해 로봇 '리암'
- 도시에서 금맥을 찾아라!
- 가전제품 수명만큼 오래 쓰는 법

5 노노 씨가 고민에 빠졌어요 · · · 48

- 스마트폰이 빨리 고장 나는 이유
- 스마트폰을 오래 쓰려면?
- 전자 쓰레기 줄이기, 이렇게 해요!
- 전자 스모그가 뭘까?

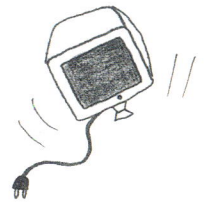

6 절대 못 가, 바다 · · · 56
- 원자력이란 무엇일까?
- 생활 속 원자력 에너지

7 엄마의 원자력 비밀과외 · · · 66
- 원자력 에너지의 위험성
- 방사성 폐기물이란?
- 핀란드의 '온칼로'
- 국제원자력기구(IAEA)에서 정한 원자력 사고 수준 7단계

8 바다 휴가 비상 경계령 · · · 76
- 100년 안에 없어질 화석연료
- 신재생에너지란?

작가의 말 | 전자 쓰레기 제로에 도전해요!   88

• 이 책에 나오는 사람들 •

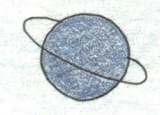

나모름

새날이 엄마. 시대에 뒤떨어진 남편 밑에서 순종하며 산다. 체념하고 살아서인지 "몰라, 몰라"를 외치지만 가족을 위하는 마음만은 극진하다.

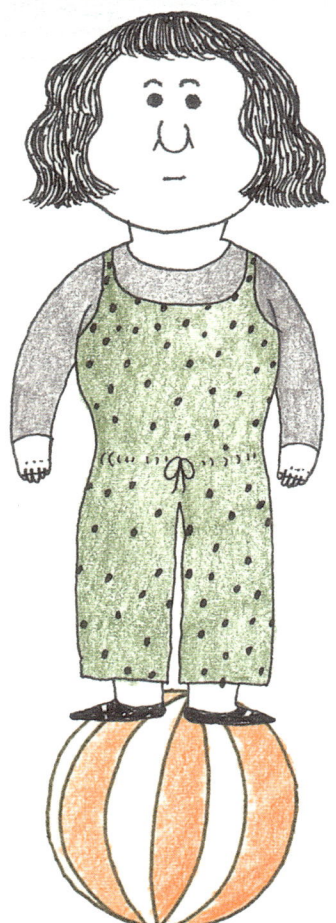

노새날

옛것을 좋아하는 아빠 때문에 휴대전화도 없이 혼자만 시대에 뒤처지는 것 같아 불만인 아이. 하지만 우연히 시그널을 만나 전자 쓰레기와 원자력을 알아가며 아빠를 이해한다.

노노

새날이 아빠. 지은 지 100년 넘은 집에 사는 걸 자랑스러워한다. 무엇이든 아끼고 옛것을 좋아해서 집 안의 모든 가구와 전자 제품들이 30년 넘은 것투성이인 짠돌이다.

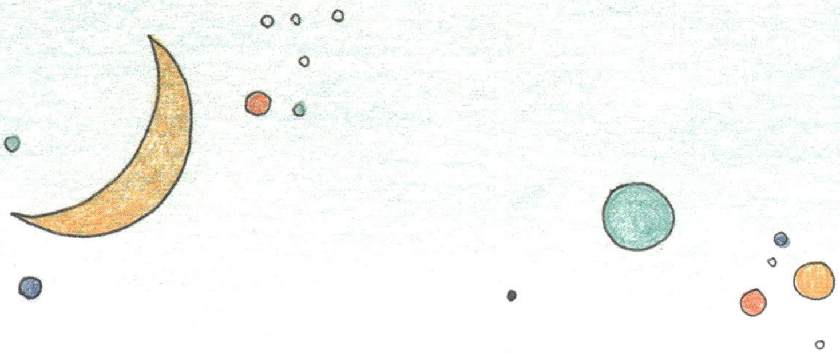

고아라

새날과 함께 반에서 유일하게 휴대전화가 없는 여자아이. 하지만 주눅 들지 않고 언제나 당당하다. 옳다고 생각하는 바를 행동으로 옮기는 정의파 소녀.

김지호

최신 전자 기기에 집착하고, 새것이 나오면 바로 바꾸는 아이. 새날이, 아라와 함께 도시 광산 탐험을 하며, 잘못된 소비 습관을 깨달아 간다.

시그널

구형 휴대전화처럼 생겼지만 미래에서 온 최첨단 스마트폰. 시간 여행 중 전자 쓰레기 더미에 휩쓸려 중국에 갔다가, 탈출하여 한국에 오게 되었다.

1 구닥다리 우리 집

"우아, 멋지다! 이거 살까? 아냐, 저게 좋겠다!"

컴퓨터 화면에는 새로 나온 스마트폰들이 주르륵 널려 있었다. 새날이는 그중 하나를 클릭해 보았다.

"엄마, 엄마! 이리 와 보세요."

"바쁜 엄마는 왜 오래?"

바쁘다고 통통거리면서도 아들이 부르면 언제든 달려오는 나모름 여사가 물 묻은 손을 바지에 쓱쓱 닦으며 왔다.

"엄마! 제발 아빠한테 나 스마트폰 좀 사 달라고 말해 주세요."

새날이는 최대한 불쌍한 표정을 지어 보이며 애원했다.

"아이고, 네 아빠를 몰라서 그런 소리를 하니?"

"우리 반에서 나만 휴대전화 없단 말이야."

"엄마도 없어. 난 몰라. 네가 아빠한테 직접 말해."

나모름 여사는 오늘도 '난 몰라'로 대답했다. 새날이는 아빠한테 자기주장을 못 펴는 엄마가 원망스러웠다. 다른 집들은 엄마가 팍팍 사 주지만, 새날이네 집은 달랐다. 아빠 노노 씨가 오래된 전자 기기 제품에 대한 애정이 끔찍해서 뭐 하나 바꾸자고 말도 못 꺼냈다.

새날이는 뒤가 불룩한 정육면체 모니터를 째려보다가 컴퓨터를 확 꺼 버렸다. 속상한 마음에 거실로 나와 텔레비전을 켰지만 텔레비전 역시 뒤가 불룩한 오래된 것이다. 화면은 작고, 색도 또렷하지 않아 영 볼 맛이 안 났다.

전자 쓰레기가 뭐지?

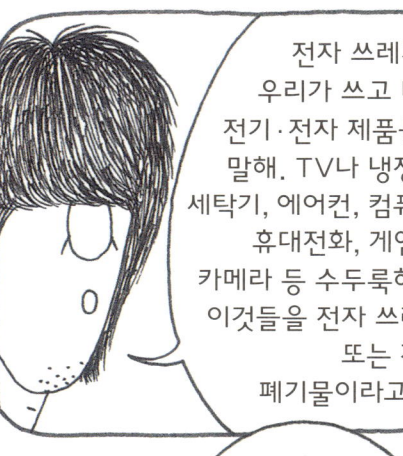

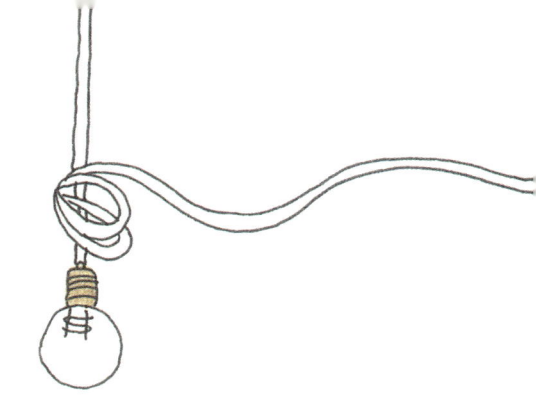

"아빠, 그러니까 스마트폰 좀 사 주시라고요. 제가 얼마나 마르고 닳도록 쓰는지 확인할 기회를 드릴게요."

"노노, 사지 않는 것이야말로 진정으로 아끼는 것이지."

아빠한테 한바탕 연설만 들은 새날이는 아까보다 더 우울했다. 학교에 가면 친구들은 스마트폰으로 게임을 하고, 문자를 주고받고, 사진을 찍어 SNS에 올리며 즐겁고 행복한 초등학교 생활을 이어 가는데…….

"이대로 자라다가는 시대에 뒤떨어진 인간이 될 게 틀림없어."

침대에 누워 곰곰 생각하던 새날이는 자신의 앞날을 위해서 이대로 있을 수만은 없다고 결심했다.

"우선 컴퓨터라도 바꾸자. 그래, 컴퓨터를 고장 내는 거야!"

아무리 아빠라도 컴퓨터가 고장 나면 최신 컴퓨터를 안 사 줄 수는 없을 것이다. 스마트폰도 없는 아들에게 컴퓨터를 안 사 준다는 건 학교를 다니지 말라는 거나 마찬가지니까. 요즘은 모둠 숙제며 발표 자료며 어지간한 과제는 컴퓨터 없이 해결하기 어려웠다.

새날이는 살그머니 문을 열고 거실로 나갔다. 캄캄한 밤이지만 창문으로 달빛이 비쳐 구닥다리 가구들이 희미하게 보였다.

컴퓨터가 있는 책상으로 가 본체를 끄집어냈다. 뒤에 달린 코드들을 뽑고 미리 준비한 드라이버로 케이스를 뜯었다. 한 손으로는 손전등을 비춰 가며 한 손으로만 작업을 하려니 여간 더딘 게 아니었다. 할 수 없이 손전등을 입에 물었다. 작업하기가 한결 나았다. 그런데 그만 입에 문 손전등을 쳐서 떨어뜨리고 말았다. 손전등은 컴퓨터 내부 금속과 부딪히며 우당탕 소리를 냈다.

"도, 도, 도둑이야!"

거실 불이 환하게 켜지며 아빠와 엄마가 뛰쳐나왔다.

'아, 새 컴퓨터를 가질 기회도 이렇게 날아가는구나!'

새날이는 새 컴퓨터를 가지지 못한다는 절망감에 기운이 쭉 빠졌다.

"너, 너! 지금 뭐 하는 거야?"

"컴퓨터가 고장 나서요."

새날이의 대답에 엄마가 의아해하며 말했다.

"아까 낮에도 멀쩡했잖아. 스마트폰도 찾아보고."

"고장이 났어도 그렇지, 왜 한밤중에 고치냐고? 네가 고칠 줄이나 알아?"
아빠가 미심쩍다는 눈빛으로 꼬치꼬치 따졌다.
"그냥 한번 본 거예요."
"너 솔직히 말해. 뜯었다가 못 고치면 새것 사 달라고 하려는 거지?"
"맞아요! 고물 컴퓨터 고장 내서 버리려고 했어요!"
꿈이 사라진 새날이는 될 대로 되란 심정으로 소리쳤다.
"버, 버린다고? 멀쩡한 컴퓨터를? 너 우리나라에서 한 해 버려지는 전자 쓰레기가 얼마나 많은 줄 알아? 전 세계적으로는 어떻고?"
아빠의 일장 연설이 다시 시작되었다.

전자 쓰레기, 얼마나 많이 나올까?

전 세계에서 쏟아지는 전자 쓰레기는 빠른 속도로 늘어나고 있어요. 헤아릴 수 없이 많이 생산되는 제품은 다시 쓰레기가 되어 버려지지요. 세계적으로 해마다 5천만 톤이 쏟아져 나오고, 미국에서만 컴퓨터 3천만 개, 휴대전화 1억 개가 버려진대요.

2016년 기준, 전자 쓰레기를 최고로 많이 버리는 나라는 중국(721만 톤), 다음이 미국(630만 톤)이에요. 세계의 개인당 평균 배출량은 6.1kg인데 미국은 19.4kg, 중국은 5.2kg를 버려요. 하지만 10억이 넘는 중국 인구를 계산하면 높은 수치예요.(국제전기통신연합(ITU)과 유엔대학이 발간한 'The Global E-waste Monitor 2017' 보고서)

UN의 보고서에 따르면 2017년에는 전 세계적으로 6540만 톤의 전자 쓰레기가 배출될 것이라고 해요. 2012년의 4890만 톤보다 33% 증가한 양이에요. 6540만 톤은 이집트 피라미드 11개, 미국 엠파이어스테이트 빌딩 200채에 달하는 무게랍니다.

또한 중국, 일본, 한국 등 아시아 주요 12개 나라 전자 쓰레기 발생량은 2015년 기준 1230만 톤으로 5년 만에 62.7%나 늘었어요. 이중 중국의 전자 쓰레기는 5년 전보다 두 배 이상인데, 중산층의 소득이 늘고 값싼 전자 제품 생산이 빠르게 늘어났기 때문이에요. 중국에 이어 일본, 한국, 인도네시아, 베트남, 대만이 그 뒤를 이었어요. 12개 나라 중 전자 쓰레기 배출이 가장 적은 나라는 캄보디아랍니다.

바젤 협약

1989년 3월 22일 유엔 환경계획(UNEP) 후원으로 스위스 바젤에서 채택되었어요. 전자 쓰레기를 포함한 유해 폐기물을 다른 나라에 버리는 것을 금지, 다시 말해 국가와 국가 사이 이동 및 교역을 규제하는 협약이지요.

기존의 환경 관련 국제협약은 대부분 미국이나 EU 등 선진국이 나서서 이루어졌어요. 하지만 바젤 협약은 아프리카 등 77개 그룹이 주도적인 역할을 했어요. 이는 후진국이 '선진국의 폐기물 처리장'이 되어서는 안 되겠다는 위기 의식에서 출발하였기 때문이랍니다.

얼리어답터

얼리어답터란 얼리(early, 일찍) + 어답터(adopter, 사용자)의 합성어로 '일찍 받아들이는 사람'이라는 뜻이에요. 새로운 제품을 먼저 구입해 사용해 보고 제품에 대한 정보를 다른 사람들에게 알려 주어요. 사용 평가도 전문가 수준이어서 소비자들은 믿을 만한 제품을 구입하는 데 도움을 받을 수 있어 많은 신뢰를 얻고 있어요.

기업 입장에서는 제품을 홍보하고 개선점을 찾을 수 있고, 소비자들의 요구와 제품 시장이 어떻게 돌아가는지 파악하는 데 중요한 역할을 하기도 한답니다.

2 휴대전화 하나에 깃든 인류애

지호가 새 휴대전화를 들고 흔들었다. 아이들이 와하고 몰려들었다. 새날이도 그 틈에 끼었다.

"한 번만 보자."

새날이가 지호 휴대전화를 집으려고 손을 뻗자 지호가 탁 쳤다.

"안 돼! 내가 얼마나 아끼는 건데."

"만지면 닳냐? 치사하다, 치사해."

"치사하면 너도 사. 고물폰도 없는 주제에."

"너 말 다했어?"

새날이는 지호에게 사납게 눈을 부라렸다. 지호가 메롱 하며 혀를 쏙 내밀었다. 화가 머리끝까지 났지만, 고물폰도 없는 주제가 바로 새날, 자신이라 할 말이 없었다.

"야, 김지호! 너 새날이한테 사과해!"

아라였다. 고아라! 덩치 크고 목소리 큰 우리 반 대장. 잘못된 건 못 넘기는 정의파 소녀 아라가 허리에 두 손을 딱 짚고 지호를 째려봤다.

"아니, 나한테도 사과해. 나도 고물폰 하나 없거든."

그렇다. 우리 반에서 휴대전화기 없는 아이는 나랑 고아라뿐이다. 하지만 아라는 휴대전화 없어도 언제나 당당했다.

서랍에서 잠자는 휴대전화

새날이는 아라가 다시 보였다. 사실 그동안 새날이는 아라를 일부러 멀리했다. 누나처럼 의젓하게 굴기도 했고, 자기처럼 휴대전화가 없는 것도 싫었다. 친구들은, 반에서 남자애 여자애 둘만 쌍으로 없다고 천생연분이라고 놀렸다. 하필 단둘만 휴대전화가 없을 게 뭐람. 그럴 때마다 괜스레 아라가 원망스러웠던 터였다.

"재활용을 해야지. 물론 휴대전화를 포함한 전자 쓰레기를 모두 재활용하면 좋은데 그게 그렇지가 않대. 중국이나 인도, 아프리카 같은 나라에 수출해서 심각한 문제가 된대."

"뭐, 우리나라에만 안 오면 되지."

"떽! 우리나라 사람만 괜찮으면 다른 나라 사람들은 병들어 죽어도 괜찮다는 말이야? 인류애라는 말도 몰라? 난 인류애를 실천하느라 휴대전화를 안 갖는 거라고!"

"참, 휴대전화 하나에 인류애씩이나!"

지호가 콧방귀를 뀌었지만 새날은 아라가 마냥 멋져 보였다.

전자 쓰레기는 어디로 갈까?

잘사는 나라에서는 전자 쓰레기를 주로 가난한 나라에 수출하거나 버려 왔어요. 자신들 나라에서는 규제가 심하고 처리 비용이 높기 때문이에요. 전자 쓰레기는 바젤 협약에 따라 나라와 나라 사이 이동이 금지되어 있어요. 하지만 재활용이라는 허울 좋은 이름 아래 쓰레기가 국경을 넘어 거래되어요. 가난한 나라에서는 쓰레기에서 비싼 금속을 떼 내어 이득을 얻으려는 것이지요. 그러나 이러한 나라들은 기술도 뒤떨어지고 환경 규제도 느슨해 일하는 사람들이 심각한 병에 걸리고 환경도 오염되는 등 큰 피해를 입어요.

쓰레기를 수출하는 나라는 미국과 유럽연합(EU), 일본, 한국 등이에요. 중국과 인도, 가나와 나이지리아, 파키스탄, 방글라데시 같은 나라들로 보내지요.

'전자 쓰레기의 무덤' 가나의 아그보그블로시

가나의 수도 아크라의 빈민가 아그보그블로시는 초록 바다가 예쁜 해변 마을이었어요. 그런데 지금은 '전자 쓰레기의 무덤'으로 유명해졌어요. 그곳에는 전자 쓰레기가 산처럼 쌓여 있어요.

주민들은 날마다 전자 쓰레기 산을 올라 값이 될 만한 것을 골라내 망치나 드라이버로 분해하거나 맨손으로 부숴요. 값나가는 금속을 떼어 내고, 일부 부품은 불에 태운 뒤 플라스틱이 녹아내리면 그 안에 있는 구리 등을 손쉽게 얻지요. 이때 나오는 검은 연기를 주민들은 입과 코로 그대로 들이마실 수밖에 없어요. 이곳 토양의 중금속 오염도는 허용치보다 45배 높다고 해요.

전자 쓰레기는 대부분 유독 기체나 폭발 위험성이 있는데, 아무런 보호 장비 없이 다루어 어린이들까지 생명을 위협받고 있어요. 주민들은 아물지 않는 상처나 피부병, 갖가지 병들을 달고 살아요. 아이들은 숨이 차서 달릴 수 없고 축구도 할 수 없대요. 늘 머리가 아프고 심장이 정상보다 빨리 뛰어 스무 살까지 살기 어렵다는 얘기도 있어요.

생활의 필수품이 된 스마트폰

스마트폰은 우리 일상에서 없어서는 안 될 아주 중요한 필수품이 되었어요. 연락을 주고받고 사진을 찍고, 음악을 듣고, TV나 영화를 봐요. 게임을 하거나 인터넷도 하고, 물건을 살 때 본인 인증 수단으로도 사용하지요. 또, 스케줄을 관리하고 결제까지 해요. 그래서 많은 사람들이 밥 먹을 때나 잠잘 때, 화장실에 갈 때도 스마트폰을 끼고 살아요.

스마트폰이 널리 퍼지기 시작한 2010년 경 14%였던 보급률은 2017년 85% 정도로 빠르게 늘어났어요. 우리나라 사람 거의 모두가 갖고 있는 필수품이 되었지요. 스마트폰을 바꾸는 기간도 평균 2.2년으로 세계 평균 2.8년보다 짧아요.

스마트폰의 한 해 판매량은 전 세계에서 2015년 기준 15억 대를 넘었다고 해요. 2020년이 되면 성인 인구의 80% 이상이 사용하는 인류 역사상 최초의 전자 기기가 될 거래요.

3 네가 정녕 휴대전화더냐?

　새날이는 굴러다니는 음료수 캔을 뻥뻥 차며 집에 갔다. 아라 때문에 기분이 좋기도 하고, 휴대전화 때문에 우울하기도 하고, 종잡을 수 없었다.
　"어, 이게 뭐지?"
　굴러가는 음료수 캔을 눈으로 쫓는데 풀숲에서 뭔가가 반짝였다. 가까이 가서 보니 휴대전화였다.
　"앗싸!"
　새날이는 주위를 둘러본 뒤 얼른 주웠다. 한눈에 봐도 구형 휴대전화였다. 기뻐했던 마음도 잠시! 아무리 구형이라도 누군가 주인이 있을지도 모르기에, 아쉽지만 원래 자리에 내려놓았다.
　"흠, 어쩔 수 없지."

신이 나서 집에 도착한 새날이는 아빠를 보고 얼결에 소리쳤다.
"아빠, 저도 휴대전화가 생겼…… 헉!"
새날이는 잽싸게 자기 입을 틀어막았다.
"뭐라고? 휴대전화가 생겼다고? 설마 당신이?"
아빠가 가자미눈을 뜨고 엄마를 쳐다보았다.
"내가 무슨 돈이 있어서 휴대전화를 사 줘? 생활비도 쥐꼬리만큼 주면서!"
"아니~ 생겼으면 좋겠다고요."
새날이는 세차게 도리질을 쳤다.
"그럼 그렇지. 대학교 들어갈 때까지는 꿈도 꾸지 마라."
그때였다. 시그널이 새날이 주머니에서 톡 튀어나와 떼구루루 굴렀다. 엄마는 놀라 뒤로 벌렁 넘어졌고, 아빠도 눈이 휘둥그레졌다.
"뭐야? 휴대전화잖아! 너, 이거 어디서 났냐? 혹시 주웠냐?"
"주, 주운 건 맞지만 얘는 휴대전화가 아니라고요."
"그럼 휴대전화를 휴대전화라고 안 부르면 뭐라고 부르라는 거야?"
"뭐라고 부르기는요? 시그널이라고 부르죠."
시그널이 반짝 화면을 밝히며 부르르 떨었다.

전자 쓰레기가 얼마나 위험해?

세계 전자 쓰레기의 70%가 중국으로 가요. 이곳은 중국의 꾸이위예요. 어마어마하게 큰 고물상 같지요? 마을 사람들은 안전장치나 보호 장비 없이 맨손으로 전자 쓰레기에서 재활용할 것들을 채취해요. 전체 가정의 80% 정도가 이 일에 참여한대요. 이렇게 일하면서 주민들은 수은, 납, 비소, 카드뮴, 리튬, 주석, 크롬 등 많은 중금속과 미세먼지, 인, 석면, 방염제 등 유해 물질에 끊임없이 노출돼요.

돈이 될 만한 것들을 빼낸 후에는 그대로 버리거나 태워요. 버려두는 것만으로 오랜 기간에 걸쳐 다이옥신처럼 나쁜 화학물질들이 스며 나오고, 태우는 과정에서는 독한 연기가 발생하여 주변을 오염시켜요. 심지어 어린아이들은 전자 쓰레기를 장난감처럼 가지고 놀아요.

또 이곳에서 생산되는 먹을거리 오염도 정말 심각해요. 쌀이나 채소, 고기, 달걀, 생선 등의 오염도는 재활용 산업이 없는 도시에 비해 최소 21배에서 481배라고요. 이런 걸 먹고 사는 사람들의 혈액, 머리카락, 태반, 모유 등에도 인체 오염도가 심각하다는 걸 알 수 있지요.

안 쓰는 휴대전화는 어디에 버릴까?

폐휴대전화 한 대에는 금(0.034kg), 은(0.2g), 팔라듐(0.015g), 구리(10.5g), 코발트(6g) 등이 들어 있어요. 이런 자원이 집집마다 서랍이나 장롱에 잠들어 있다면 정말 낭비지요.

〈한국전자제품자원순환공제조합〉에서는 폐휴대전화를 수거해요. 폐휴대전화 재활용을 통해 생긴 수익금은 국내 복지사업과 해외 구호사업을 지원하여 따뜻한 손길이 필요한 이웃에게 나눔을 실천해요. 2005년부터 누적 수거량과 누적 기부금도 표시되어 있어서 폐휴대전화 재활용 실적을 한눈에 볼 수 있어요.

폐휴대전화는 겉으로 드러나지 않은 시장에서 높은 값으로 거래되기도 해요. 올바른 배출은 불법 수출과 부정 개통을 막을 수 있답니다.

인체에 영향을 미치는 전자제품 유해 물질

수은 : 구토, 피부 발진, 눈 경련, 신장 및 뇌 손상
납 : 고혈압, 불임 및 유산, 지능지수 저하
카드뮴 : 위경련, 고혈압, 중추신경 및 뇌 손상, 이타이이타이 병
크로뮴 : 경련, 폐암, 신장 및 간 손상, 급사
폴리브롬화 비페닐 : 탈모, 체중 감소, 중추신경과 간, 신장 손상

폐휴대전화 잘 버리는 방법

배출 방법 주민센터, 판매 대리점에 직접 가져다주거나 택배로 자원순환 조합에 보내요.

처리 방법 수거한 폐휴대전화는 전문 재활용사업자가 개인정보 유출 방지를 위해 파쇄하며, 이때 발생하는 폐금속은 자원으로 재활용하고 유해 물질은 안전하게 처리해요.

대상 품목 휴대전화(피처폰, 스마트폰 모두 가능), 배터리 및 충전기(별도 배출 가능)

❖ 한국전자제품자원순환공제조합 http://나눔폰.kr/main/index.jsp

4 우리는 도시 광산 탐험대

새날이는 시그널을 들고 학교에 갔다. 통화도 안 되는 가짜 아닌 가짜 휴대전화지만 시그널을 쥔 손에 묵직하게 힘이 들어갔다.

"노새날. 휴대전화 샀냐?"

친구들이 새날이 손에서 시그널을 발견하고 소리쳤다.

"저렇게 구식을 샀겠냐? 주웠든지 쓰던 거 얻었겠지."

게임을 하던 지호가 힐긋 보고는 비아냥댔다. 시그널이 부르르 떨며 화면을 밝혔다. 새날이는 얼른 시그널을 주머니에 집어넣었다.

"흥! 네가 시그널을 알아? 나중에 뒤로 넘어가지나 마셔!"

새날이는 기분이 나빴지만 참기로 했다.

"푸하하하! 고물 휴대전화에 이름까지 지었냐?"

"김지호. 넌 말을 그렇게 하니? 구형이면 어때? 통화만 잘되면 됐지."

아라가 지호에게 핀잔을 주었다. 새날이는 그런 아라를 멍하니 바라보았다. 가슴이 쿵쿵 뛰었다.

"쳇. 요즘 휴대전화로 통화만 하는 사람이 어딨냐? 스마트폰 하나로 얼마나 많은 걸 할 수 있는데."

"새날이랑 나는 스마트폰 없어도 아무 문제없이 잘 살거든. 그리고 새날이랑 나 같은 사람이 애국자인 거 몰라?"

"그런 거 몰라. 알아서 뭐해? 나만 편하면 도지."

시그널이 운동장 한쪽 구석에 자리한 창고로 들어갔다. 창고 안에는 안 쓰는 컴퓨터가 차곡차곡 쌓여 있었다.

휴대전화 분해 로봇 '리암'

2017년 4월, 애플이 앞으로는 '재활용 자원을 100% 사용해 컴퓨터나 스마트폰을 만들겠다'고 선언했어. 이에 발맞춰 지난해, 자사 휴대전화 분해 로봇 'ㄹ 암'을 선보였어. 휴대전화 한 대를 분해하는데 11초가 걸리며 총 8개의 부품으로 분류한다고 해. 리암이 1년에 분해하는 아이폰 6의 수는 120만 대로, 현재 미국 캘리포니아와 네덜란드 두 곳에서 총 240만 대를 분해하고 있어. 리암을 이용해 아이폰 1만 대를 해체하면 알루미늄 190㎏, 구리 80kg, 금 0.13kg, 백금류 금속 0.04kg, 은 0.7kg, 주석 5.5kg을 얻을 수 있대. 자원 낭비를 막고 중금속 오염 등의 환경 파괴를 막을 수 있어 아주 유용하지. 애플의 선언은 자원을 낭비하는 생산 방식에서 벗어나 폐기된 자원을 다시 쓰는 '자원 순환형 생산 방식'을 시도하는 첫걸음이라서 의미가 깊어.

일본의 도시 광산 산업

일본 후쿠오카 현 오무타 시는 탄광이 있는 석탄 산업 도시였어. 그런데 석탄 광맥이 말라 가자 도시도 쇠퇴하기 시작했지. 이렇게 죽어가던 도시를 되살린 건 도시 광산 산업이야.
후쿠오카 현과 구마모토 현에서 모인 쓰레기를 폐기물 고형 연료로 재가공해 하루 2만 600Kw의 전기를 생산해 내. 이는 인근 도시 40만 가구에 공급하고도 남는 양이라고 해.
오무타 시의 도시 광산 산업은 한 해 20억 엔 정도의 매출을 올리며 지역 경제를 활성화시키고 일자리를 많이 만들어 냈어.

도시에서 금맥을 찾아라

 탐험대 삼총사가 도시 광산에 가는 날, 노노 씨와 나모름 여사도 채비를 했다. 옛것을 좋아하는 노노 씨는 당연하고, 나모름 여사는 아들이 광산에 간다니 행여 다칠세라 냉큼 따라나서기로 한 것이다.
 노노 씨와 나모름 여사는 등산복을 차려입고 헬멧을 썼다.
 "신발은 등산화를 신어야 할까, 장화를 신어야 할까?"
 노노 씨가 신발장을 뒤적이며 말했다.
 "산에 가는데 장화라니, 당신 어떻게 된 거 아니우?"
 나모름 여사는 등산화 끈을 조이며 노노 씨에게 핀잔을 주었다.
 이 모든 상황을 지켜보며 시그널과 새날이는 어이없다는 표정을 지었다.

"보다시피 여기는 우리가 버린 쓰레기를 재활용하는 곳입니다. 지금 세계는 전자 쓰레기가 넘쳐 나 심각한 상태지요."

"그래서 저희 집은 오래된 제품들을 그대로 쓰고 있습니다."

아라 아빠의 말에 노노 씨가 자랑스레 대꾸했다.

"아이고, 훌륭하십니다. 우리나라에서도 도시 광산 산업이 절실합니다. 광산 자원을 대부분 수입에 의존하기 때문에 더욱더 폐가전에서 자원을 확보해야 하는 상황이지요. 지난해 광물자원공사에서 희귀 금속을 수입하는데 13조가 넘게 들어갔답니다. 지식경제부에서 추산한 우리나라 도시 광산 자원 가치는 약 50조 원에 달하지요. 그러기 위해서는 폐가전의 회수가 필요해요. 기업들도 쓰던 가전을 반납하면 포인트나 상품권으로 보상하는 캠페인을 벌이고 있어요. 사업장을 친환경 스마트 공장으로 바꾸겠다는 회사도 있지요."

그때 노노 씨의 휴대전화가 울렸다. 전화를 받으려던 노노 씨는 그만 휴대전화를 놓쳤고, 액정 화면이 산산조각 나고 말았다.

어이구, 내 휴대전화. 이젠 수리도 못하는데, 영영 이별이구나! 엉엉!

세탁기

세탁기는 잘 관리하면 10년은 거뜬히 써요. 다만 용량을 초과해 빨래를 너무 많이 넣으면 모터에 무리가 가서 수명이 짧아지지요.

TV

TV는 평균 수명이 9년 정도예요. 이 정도 쓰다 보면 화면이 흐려지거나 색 번짐 현상이 생겨요. 수리를 잘해서 좋아진다면 그대로 사용해도 좋겠지요.

TV 위에 덮개를 씌우지 마세요. 내부에서 발생하는 열을 방출하는데 방해가 돼요. 벽에서 약간 떨어뜨려 놓는 것도 잊지 마세요.

가전제품 수명만큼 오래 쓰는 법

가전제품에도 사용 연한이라는 수명이 있어요. 관리를 잘하면 수명보다 오래 쓸 수 있지만, 고장 나지 않았다고 해도 10년 이상은 쓰지 않는 게 좋대요. 제 성능을 발휘할 수 있는 정해진 사용 기간이 있기 때문이에요. 수명만큼 오래 쓰는 방법을 알아보아요.

청소기

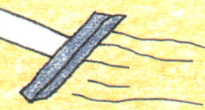

청소기 수명은 10년 정도예요. 모터에서 시끄러운 소리가 난다면 바꾸는 게 좋아요. 먼지 봉투는 꽉 차기 전에 비워 주세요. 그대로 청소하면 모터가 상하고 흡입력도 약해져요.

김치냉장고
내부에 성에나 얼음이 생기면 냉장고 속을 비우고 전원을 꺼요. 30분 정도 후에 실리콘형 주걱 따위로 살살 떼어 내세요. 칼이나 송곳처럼 날카로운 도구로 긁어내면 냉장고에 상처가 남을 수 있어요.

냉장고
냉장고는 10~12년이 평균 수명이에요. 냉장고를 오래 쓰려면 내용물을 70% 정도만 넣어야 해요. 꽉 채우면 공기 순환을 방해해 성에가 생기고 냉각기가 고장 날 수 있어요. 자주 여닫거나 장식용 자석을 많이 붙이지 마세요. 열 방출을 방해해 수명을 단축시킨답니다.

전기압력밥솥
밥솥의 수명은 4년 정도예요. 고무 패킹은 1년에 한 번 정도 갈아 주고, 증기배출 구멍은 밥솥 살 때 들어 있는 전용 철사로 뚫어 주어요. 밥물이 흘러 지저분해진 구석구석은 면봉이나 칫솔로 청소해 주어요.

가전제품 오래 쓰는 법

- **청소를 자주 해 주어요**
  가전제품은 자성을 띠어 주변의 먼지를 빨아들이는 습성이 있어요.

- **덮개를 씌우지 말아요**
  기본적으로 발생하는 열을 원활하게 내보내야만 안정적인 성능을 유지할 수 있어요.

- **습한 곳을 피해서 설치해요**
  습한 곳에서는 더 잦은 고장을 일으켜요. TV나 오디오를 창가에 설치하거나 세탁기를 욕실에 두지 말아요.

5 노노 씨가 고민에 빠졌어요

   노노 씨는 고민에 빠졌다. 새 휴대전화를 장만해야 하는데 무엇을 사야 할지 헷갈렸다. 평소 노노 씨의 신념대로라면 구형 휴대전화를 사야 했다.
   하지만 다른 사람들이 스마트폰으로 노래도 듣고 영화도 보고 모르는 길을 찾아가는 것을 보면 때로는 부럽기도 했던 것이다.

'이참에 최신형 스마트폰 하나 장만할까? 공짜로 주는 데도 있던데.'
'아니야. 나 한 사람이라도 중고를 사서 전자 쓰레기를 줄여야지.'
'뭐, 나 하나쯤 어때? 전에 쓰던 휴대전화도 마르고 닳도록 썼는데.'
노노 씨는 거실을 이리저리 맴돌며 머리를 세차게 흔들기를 반복했다.

스마트폰이 빨리 고장 나는 이유

우리나라 사람들이 휴대전화를 바꾸는 시기는 무척 빨라요. 보통 요금 약정 기간 2년이 지나면 바꾸어요. 하지만 소비자만 탓할 수도 없어요. 기업들이 신제품을 너무 많이 내놓고, 수리나 업그레이드를 어렵게 만들어 자주 바꾸도록 유도하기 때문이에요. 막대한 수익을 챙기고 자원을 낭비하고 있는 셈이지요.

얼마 전, 그린피스는 수리 전문 업체와 함께 스마트폰, 태블릿 PC, 노트북 등 44개 제품을 뜯어보고 평가한 보고서를 내놓았어요. 지난 2년 동안 판매된 가장 인기 있는 제품 44개 가운데 절반 이상이 액정 화면과 배터리를 교체하기 어렵거나 불가능하게 만든 것으로 나타났어요.

그린피스는 '제조사가 당신의 스마트폰을 조기 사망시키는 방법' 다섯 가지를 다음과 같이 발표했어요.

- 의도적으로 수리를 어렵게 만들어요.
- 점점 더 파손되기 쉽게 만들어요.
- 배터리 교체가 갈수록 어려워져요.
- 일반 공구로 소비자 스스로 수리하기 힘들어요.
- 수리 설명서나 교체 부품을 제공하지 않아요.

스마트폰을 오래 쓰려면?

1 하루 한 번 스마트폰을 껐다 켜 주세요
전자 제품을 오랫동안 끄지 않고 쓰면 내부 부품이 닳아요. 또, 스마트폰을 끄면 자동으로 활성화되는 애플리케이션들이 종료되어요.

2 화면 밝기를 30% 정도로 조절해 주세요
배터리는 스마트폰 수명에 많은 영향을 미쳐요. 스마트폰 배터리는 방전에서 충전까지 약 1,000번을 사용할 수 있게 수명이 정해져 있어요. 하루에 한 번씩만 충전해도 3년 정도밖에 쓸 수 없어요. 이 배터리를 가장 많이 소모하는 항목이 화면 밝기라고 해요.

3 불필요한 알람은 꺼 두세요
댓글 알림, 단체방 메시지 알림 등 꼭 필요하지 않은 알람은 꺼 두세요. 배터리 관리에 도움이 되어요. 진동과 소리가 함께 울린다면 진동은 꺼 주세요. 진동이 소리보다 배터리를 많이 소모한답니다.

4 데이터를 사용할 때는 와이파이 기능을 꺼 주세요
이 기능이 켜져 있으면 스마트폰이 주변 무선 네트워크를 찾으려고 하기 때문에 배터리가 소모되어요. 블루투스, GPS, 핫스팟도 사용하지 않을 때는 꺼 두세요.

5 배터리 관리 위젯이나 어플 설치하기
이 어플들은 배터리 남은 양이나 불필요한 메모리까지 정리해 주어 배터리 소모를 줄여 주어요.

전자 쓰레기 줄이기, 이렇게 해요!

전자 제품을 만드는 회사는 책임감을 가져요

- 제품의 수명이 길게 설계하고 만들어요.
- 재사용이나 재활용이 쉽게 만들어요.
- 생산부터 폐기까지 전자 제품의 일생을 책임져요.

소비자의 실천도 중요해요

- 공정하고 깨끗한 제품을 만드는 회사를 지지하고 제품을 구매해요.
- 새 제품을 사기 전에 꼭 필요한지 다시 생각해 봐요.
- 제품을 다 쓰고 나면 재활용할 수 있게, 만든 회사에 돌려주어요.
- 쓸 만한 제품은 어려운 이웃이나 비영리단체 등에 기부해요.

친환경 휴대전화 '페어폰'

휴대전화에도 친환경 제품이 있어요. 국제 환경보호단체 그린피스는 '2017년 친환경 전자 제품 구매 가이드'를 발표했는데, 여기에서 네덜란드의 사회적 기업 '페어폰'이 1위를 차지했어요. 페어폰은 공정 무역 운동의 하나로 스마트폰을 개발했다고 해요. 그렇다면 페어폰은 어떻게 생산되고 유통될까요?

- 내전 등 분쟁지역 국가에서 나오는 광물을 사용하지 않아요.
  반군 등이 민간인을 동원해 노예 노동으로 광물을 캐낸 뒤 이를 팔아 무기를 사들여 문제가 되어요.
- 노동 착취를 하지 않아요.
  광물을 캐내는 광부부터 스마트폰을 만드는 공장의 노동자까지 공정한 임금을 받고, 깨끗한 근로 환경에서 일할 수 있도록 보장해요.
- 저개발국의 전자 폐기물을 감소시켜요.
  페어폰 하나가 팔릴 때마다 3유로를 가나의 전자 폐기물을 감소시키는 데 사용해요.

전자 스모그가 뭘까?

우리는 늘 전자 기기에 둘러싸여 살아요. TV, 냉장고, 세탁기, 컴퓨터, 휴대전화 등은 없어서는 안 될 생활용품이 되었어요. 이러한 전자 제품에서는 전자기파가 흘러나와요. 흔히 전자파라고 하지요. 뿐만 아니라 수많은 고압선, 무선송신기, 방송 안테나에서도 전자기파가 흘러나와요. 이 전자기파가 안개처럼 우리를 에워싸고 있는 상태를 전자 스모그라고 해요. 또 하나의 환경오염이지요.

전자기파는 꿀벌, 박쥐, 비둘기들의 방향감각을 잃게 해 둥지로 돌아가는 것을 방해한다고도 알려져 있어요.
전자 스모그는 사람에게도 나쁜 영향을 미쳐요. 뇌와 중추신경, 유전자를 손상시키고 면역 체계를 약화시키지요. 또, 무의식적인 스트레스를 주어 심장박동을 증가시키고 혈압을 상승시킨다고도 해요. 특히 어린이들은 전자파에 노출될 때 어른보다 1.4배 정도의 전자기파를 흡수한다고 알려져 있고, 어린이들이 걸리는 소아암의 30% 정도는 전자기파가 원인이라는 연구 결과도 있답니다.

전자기파를 덜 받기 위해서는

- 전자 기기를 사용하지 않을 때는 전원을 꺼 놓아요.
- 유선전화기를 이용해요.
- 머리맡에 휴대전화를 놓고 자는 일을 피하고, 통화는 이어폰으로 해요. 전자기파는 나오는 곳에서 거리가 멀수록 약해지기 때문이에요.

6 절대 못 가, 바다

여름방학을 맞아 새날이네는 바다로 휴가를 떠나기로 했다. 새날이는 휴가를 결정한 순간부터 아라 생각만 했다. 아라와 함께라면 어디를 가더라도 즐거울 것 같은 기분이 들었다.

그런데 하늘이 도왔는지 도시 광산을 탐험한 뒤 아라 아빠와 부쩍 친해진 아빠가 아라네와 함께 휴가를 가기로 했다는 것이다.

"야호, 랄랄라. 야호호, 랄랄라라!"

새날이는 종일 콧노래를 흥얼거렸다. 아라와 점점 친해져 가는 이 시점에 함께 떠나는 휴가라니.

하지만 좋은 일에는 마가 낀다던가! 여기에 엄마가 복병으로 숨어 있을 줄이야.

"시그널, 너도 바다에 들어가게? 물에 젖으면 고장 안 나?"

"고장? 안 나. 내가 누군지 몰라서 묻니?"

"아, 알았어. 미안."

"좋아. 아직 시간이 남았으니까 원자력에 대해 공부 좀 해야겠어. 사랑하는 가족을 아무 데나 보낼 수는 없지."

"공부라면 제가 가르쳐 드리죠. 전 미래에서 온 똑똑한 시그널이니까요."

"시그널, 엄마 책임질 수 있지?"

"그럼! 나모름 여사, 지금부터 잘 들으세요. 새날이 너도 이참에 공부 좀 해."

"난 아라와 함께 바닷가를 거니는 상상만으로도 시간이 부족하다고!"

때마침 노노 씨가 퇴근해서 집에 돌아왔다. 노노 씨는 식구들의 이야기를 듣고 "노! 노!"를 외쳤다. 원자력발전소가 있다고 바다가 위험하다니 말이 되는 소리인가.

노노 씨는 머리를 쥐어짜서라도 원자력이 얼마나 안전하고 우리 생활에 필요한지 설명하고 싶었다. 그러나 '원자력' 하면 떠오르는 생각들이 부정적인 것뿐이었다.

'일본 후쿠시마 원전 사고, 방사선 피폭, 체르노빌 원전 사고, 핵폭탄, 핵폐기물, 기형아……'

몸이 떨렸다. 바다가 정말 위험할까?

나모름 여사가 웬만한 것은 '몰라 몰라'를 연발하며 복잡한 문제에 끼어들기 싫어하지만, 가족의 건강과 안전 문제라면 달랐다. 이 문제에 관한 거라면, 누가 와도 나모름 여사의 고집을 꺾을 수가 없었다.

대책이 필요했다.

노노 씨는 조용히 시그널을 불렀다.

원자력이란 무엇일까?

먼저 원자에 대해 알아볼게요.
원자는 물질을 구성하는 기본 입자예요. 어떤 물질을 쪼개고 쪼개서 더 이상 쪼갤 수 없을 때 마지막에 남은 아주 작은 알갱이죠.
원자는 양성자(+)와 중성자로 이루어진 원자핵과 그 둘레를 도는 전자(-)로 이루어져 있어요.

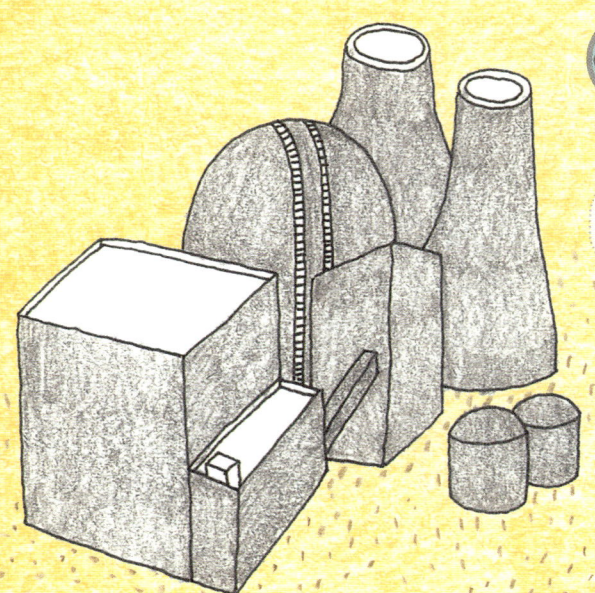

원자력이 무엇인지 알려 준다며 왜 원자 얘기만 하지?

쪼갤 수도 없는 알갱이에 뭐가 그렇게 많이 들어 있어?

어머니와 아드님이 똑같이 성질도 급하십니다. 이제 시작입니다. 계속 들어 보세요.

우라늄과 같이 무거운 원자핵은 밖에서 중성자가 들어오면 쪼개지는 성질이 있어요. 이것을 핵분열이라고 하죠. 이 핵분열을 이용해 얻는 아주 큰 에너지가 바로 원자력이랍니다. 그리고 원자력을 이용해 전기를 만드는 게 바로 원자력발전이지요.

몰라, 몰라. 난 원자력발전소가 있는 바다에 노노 씨와 새날이가 휴가를 떠난다는 사실이 중요해.

알려줄 게 아직 많아요. 원자력발전소는 세계 곳곳에 세워져 있어요. 그만큼 원자력 에너지가 중요하다는 말씀이죠. 석탄, 석유, 천연가스 같은 화석연료는 언젠가는 고갈될 수밖에 없는데, 이때 원자력 에너지는 아주 좋은 대안이지요. 원자력 에너지의 원료인 우라늄은 석유나 석탄보다 훨씬 싸고, 에너지를 만들 때 매연이나 이산화탄소가 거의 안 나오지요. 우라늄 1g은 석탄 3톤이나 석유 9드럼을 태웠을 때 내는 에너지와 같다고 해요. 우리나라에도 원자력발전소가 있어서 전기를 풍족하게 쓰고 있어요.

우리 생활에 유용한 점도 많구나.

원자력발전소는 왜 바다 가까이 있을까?

원자력발전소는 원자로에서 연료가 핵분열할 때 발생한 열로 증기를 만들어요. 그 증기의 힘으로 터빈을 돌려 전기를 생산하지요. 이때 터빈을 돌리고 난 증기는 냉각수로 식혀 다시 물이 되어요.
원자로를 식히는 냉각수는 1000MW급 원전1기에 1초당 60~70톤이 필요해요. 이처럼 엄청난 양의 냉각수를 손쉽게 얻기 위해 원자력발전소를 바닷가에 짓는 것이에요.
국토가 넓고 냉각수 확보에 어려움이 없는 일부 국가는 대도시 근처에 원자력발전소가 있기도 해요. 또, 프랑스는 바다 대신 파리의 젖줄이라 부리는 센 강 상류 노장슈르센 마을에 원자력발전소가 있답니다.

생활 속 원자력 에너지

원자력 발전 과정에서 나오는 방사선은 생활 속에서 널리 이용되지요.

첫째, 감자나 곡물 등에 싹이 나지 않도록 하는 등 식품의 보존이나 살균, 종자 개량, 해충을 죽이는 데 사용

둘째, 화학 물질이나 제품의 품질을 검사하는 데 사용

셋째, X선 촬영이나 CT 촬영 등 질병을 진단하고 암을 치료하며 연구용으로 사용

넷째, 유해 물질을 분석하고, 지뢰탐지, 범죄 수사에 이용

다섯째, 우주 기술, 해양 기술 등의 첨단 기술을 개발하는 데 사용

이렇듯 방사선이 인체에 나쁜 영향을 미친다고 생각할 수도 있지만 잘 관리만 한다면 방사선을 이용한 산업이 크게 발전할 거예요.

이상 끝! 시그널, 잘 알았어. 나모름 여사도 잘 들었지? 사람들이 원자력에 대해 부정적으로만 생각하는데 알고 보면 우리 생활에 아주 이롭게 쓰이지. 그럼 이번 휴가는 바다로!

몰라, 몰라. 이롭게 쓰이기도 하지만 위험하기도 하다는 건 세상 사람이 다 아는걸, 뭐!

그러니까 잘 관리해야 한다지 않소? 흠흠.

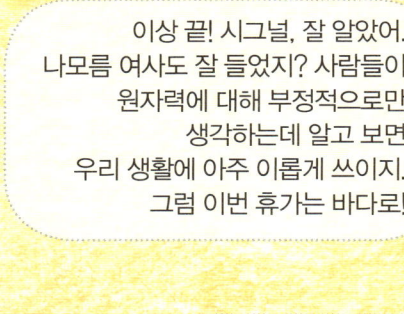

빌 게이츠가 만드는 꿈의 기술 '진행파 원자로'

원자로는 핵분열이라는 핵반응을 지속적으로 일으켜 열을 얻는 장치예요. 화력발전소로 따지면 보일러와 같지요.

미국 마이크로소프트 회사를 설립한 빌 게이츠는 '진행파 원자로'라는 기술을 개발하고 있어요. 진행파 원자로란 한 번 핵연료를 넣으면 많게는 60년까지 발전소를 계속 가동하는 것이에요. 우리가 핵폐기물이라고 부르는 '사용 후 핵연료'를 다시 연료로 사용하는 것이지요. 그렇게 하면 별도의 재처리 시설이나 핵폐기물 저장 시설이 필요 없어져요. 그리고 핵무기 제조에 필요한 순도 높은 우라늄이나 플루토늄을 농축하는 것이 불가능하대요. 일반 원자로보다 안전한 비방사성 물질과 독성이 약한 폐기물만 배출되기 때문이에요. 또 60년 동안 연료를 추가하거나 교체할 필요도 없어 사고의 위험도 훨씬 적다고 해요. 바로 꿈의 원자로인 셈이지요.

물론, 진행파 원자로가 완성되기까지는 아직 많은 기술적 과제들이 남아 있어요. 하지만 빌 게이츠는 인류의 미래를 위한 원대한 꿈을 실현시키고자 끊임없이 노력하고 있답니다.

7 엄마의 원자력 비밀과외

노노 씨와 시그널의 얘기를 다 듣고 난 나모름 여사. 원자력이 위험한 줄만 알았는데, 우리 생활 곳곳에 이롭게 이용된다는 사실에 적잖이 놀랐다. 게다가 맨날 "몰라, 몰라."만 외치다가 노노 씨와 시그널에게 설득당한 것 같아 찜찜했다.

그렇다고 이대로 노노 씨 따라 바다로 휴가를 떠날 나모름 여사가 아니다. 뭔가 해야 한다. 암, 그렇지. 더 깊고 넓은 원자력 공부!

나모름 여사는 아까 노노 씨가 한 대로 식구들 몰래 조용히 시그널을 불렀다.

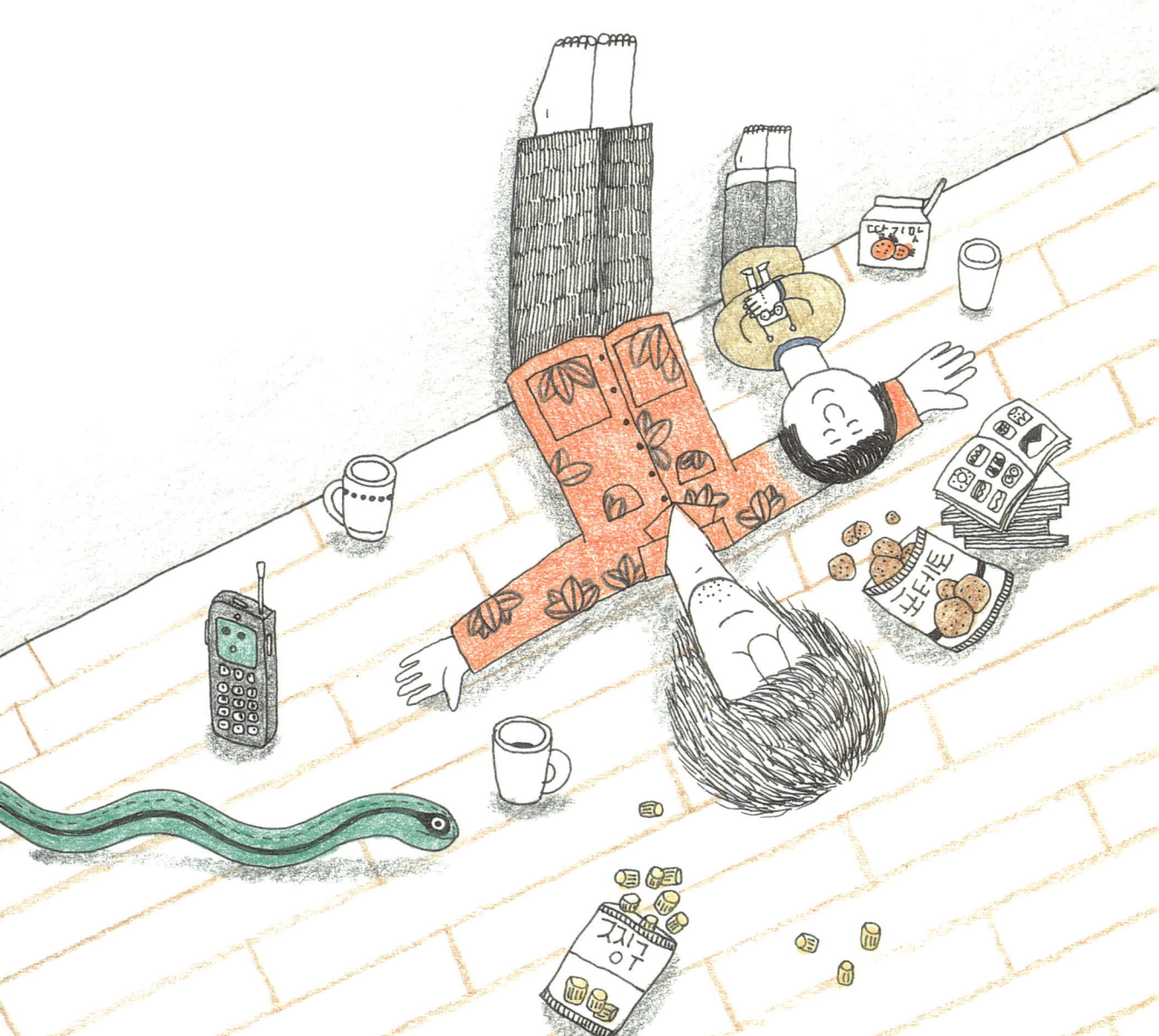

원자력 에너지의 위험성

노노 씨와 새날이가 깊은 잠에 빠져든 한밤중, 나모름 여사는 시그널과 본격 공부를 시작했다.

원자력은 두 얼굴을 가지고 있어요. 아까 얘기한 것처럼 우리 생활을 편리하게 해 주기도 하지만 여러 가지 위험성 또한 많아요.

첫째, 무기를 개발할 수 있어요

'원자력' 하면 사람들은 1945년 2차 세계대전 당시 일본 히로시마에 떨어진 원자폭탄을 떠올려요. 원자폭탄의 파괴력은 끔찍한 인명 피해를 낳아 약 15만 명이 목숨을 잃었어요. 그리고 그 후유증은 지금까지도 계속된다고 볼 수 있어요.

이처럼 원자력 에너지는 무시무시한 핵폭탄 같은 무기를 개발할 수 있다는 문제점을 갖고 있어요. 그러니까 원자력 에너지의 원료인 우라늄 같은 핵분열성 물질에 중성자가 연쇄반응을 일으켜 한꺼번에 많은 열과 방사선이 나오도록 만들면 그게 바로 핵폭탄이죠.

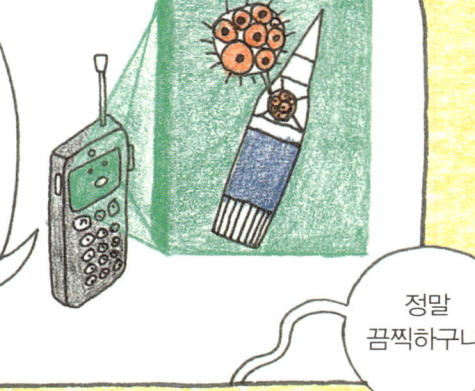

정말 끔찍하구나.

둘째, 방사성 물질이 새어 나올 위험성이 있어요

원자력발전소는 사고가 일어나지 않게 안전을 최우선으로 해요. 모든 기기는 정상적으로 작동하도록 완벽하게 설계하고 제작하며 가동 중에도 관리를 철저히 하죠.

그렇지만 사고는 언제든 일어날 수 있어요. 여러 원인으로 고장을 일으키거나 지진, 홍수, 태풍 등은 언제든 원자력 사고를 일으켜 방사성 물질이 새어 나올 위험한 요인이지요.

"체르노빌과 일본에서도 원자력 발전소 사고가 있었잖아?"

"맞아요. 1986년 우크라이나의 체르노빌 원자력발전소에서 사고가 일어났어요. 이 사고는 28년이 지난 지금까지도 정확한 피해 규모를 알 수 없을 만큼 심각했어요. 히로시마 원자폭탄 피해의 열 배에 달한다고 하지요."

"피해가 몇 년 뒤에도 나타난다니, 더 무서운 것 같아."

"2011년 3월 11일에는 일본의 후쿠시마 원전 사고가 있었어요. 규모 9.0의 동일본 대지진으로 인한 쓰나미로 수소폭발과 많은 양의 방사선이 유출됐지요. 2만여 명이 희생됐고, 아직도 피난 생활을 이어가는 사람들이 17만 명 정도나 된대요. 이 두 사고는 모두 인류와 생태계에 심각한 영향을 끼친 아주 무서운 사고였지요."

셋째, 핵폐기물 처리 문제예요

원자력발전은 핵폐기물과 떼어 놓고 생각할 수 없어요. 일부 학자들은 원자력발전소 사고는 비행기 사고가 날 확률보다 낮으나 더 큰 문제는 핵폐기물 처리 문제라고 해요. 원자로에서 핵분열 후 남은 방사성 동위원소를 일컫는 높은 수준의 핵폐기물(고준위방사성 폐기물)은 방사선의 세기가 강하고 반감기가 수만 년에 이르지요.

그런데 아직까지 안전한 폐기 방안이 없어요. 폐기물 처리 장소를 선정하려 해도 지역 주민들의 반대에 부딪치거나 비용도 만만치 않지요. 국토는 좁은데 처리 장소를 선정하는 것도 어려우니 더욱 큰 문제예요.

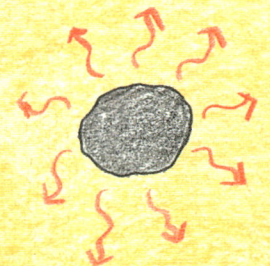

방사성, 방사선, 방사능의 차이

방사성은 '원자핵이 붕괴되면서 여러 가지 방사선을 내보내는 성질'을 말해요. 방사성 물질, 방사성 붕괴 등의 용어로 쓰여요.
방사선은 방사성 물질이 내는 알갱이나 에너지의 흐름이고요,
방사능은 방사성 물질이 방사선을 내보내는 능력이나 강도를 말해요.
불이 켜진 전구로 예를 들면, 전구에서 나오는 빛이 방사선이에요. 이 빛을 내보내는 능력이 방사능에 해당되지요.
흔히들 '방사능 피폭'이라고 많이 쓰는데, 원래는 '방사선 피폭' 또는 '방사능 물질 피폭'이라고 써야 맞아요. '방사능 유출'도 정확히는 '방사성 물질 유출' 또는 '방사능 물질 유출'로 써야 하지요.

밤이 깊을수록, 공부를 더해 갈수록 나모름 여사는 얼굴이 하얗게 질리고 정신이 아득해졌다. 그러나 애써 정신을 차리고 어마어마하고 무시무시한 원자력을 기필코 막아 내고야 말겠다는 다짐을 했다. 하지만 어떻게? 무슨 수로?

나모름 여사가 할 수 있는 일이란 고작, 식구들이 원자력발전소가 있는 바다로 떠나는 걸 막는 것뿐이었다.

나모름 여사는 드디어 행동에 나서서 단잠에 빠져든 노노 씨와 새날이를 깨웠다.

"얼른 설명해 봐."

"그 정도는 나도 알아."

방사성 폐기물이란?

원자력발전 과정에서 나오는 폐기물을 핵폐기물, 원자력 폐기물이라고 불러요. 정확히는 방사성 폐기물이죠.

이 폐기물은 방사선을 얼마나 띄느냐에 따라 고준위, 중준위, 저준위로 나누어요. 고준위 방사성 폐기물은 더 이상 발전에서 사용될 수 없는 '사용후핵연료'로 방사선 함유량이 어마어마하게 높은 독성 물질이에요. 이 물질을 처리하는 방법은 세계 어디에도 없어요. 우리나라는 임시로 발전소 안 대형 수조에 보관하고 있어요. 하지만 그곳도 포화 상태에 이르러 문제가 심각해요.

중·저준위 방사성 폐기물은 방사선 함량이 비교적 낮은 폐기물이에요. 발전소 안에서 사용된 작업복, 장갑, 걸레, 부품 등이지요. 이 폐기물들은 한국원자력환경공단이 운영하는 경주 방사성 폐기물처분장(경주 방폐장)에서 처리되어요. 철제 드럼통에 넣어 밀봉한 뒤 지하 암반 동굴 내 콘크리트 구조물에 영구 저장되지요.

현재 전 세계가 처리할 고준위 방사성 물질은 총 24만 톤에 달하고, 해마다 7천 톤씩 증가하고 있어요. 우리가 지금까지 싸다고 전기를 펑펑 써 온 대가로 인류의 후손들은 치명적인 위험과 경제적 부담을 떠안게 되었어요.

"잠이 번쩍 깨네. 방법이 없으면 어떡해?"

"그건 다행이구나."

"자, 빨리 공부하고 자자고요!"

"나도 졸린데, 시키는 대로 해야 휴가를 갈 수 있겠지."

"정말 심각한 문제구나!"

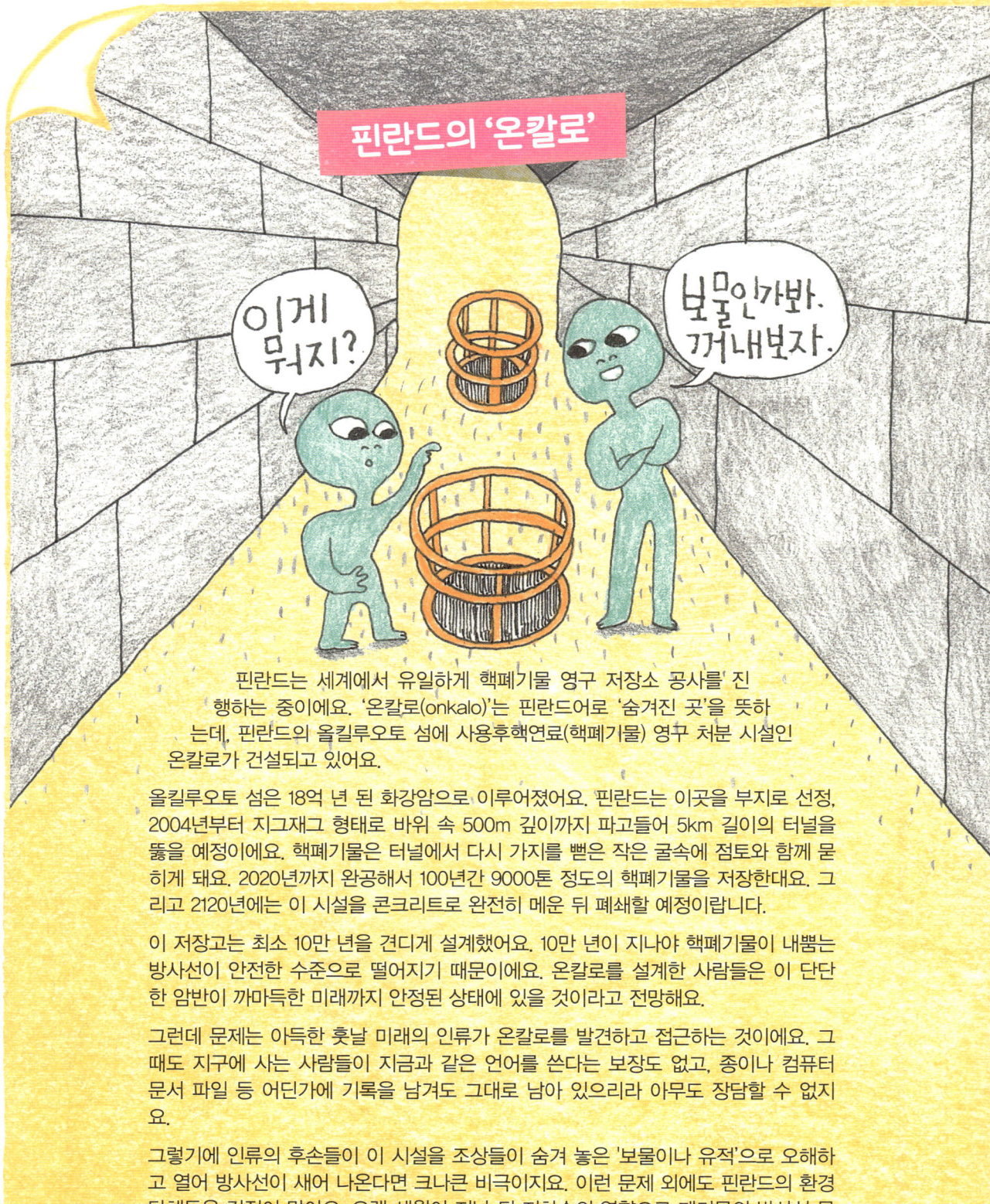

핀란드의 '온칼로'

핀란드는 세계에서 유일하게 핵폐기물 영구 저장소 공사를 진행하는 중이에요. '온칼로(onkalo)'는 핀란드어로 '숨겨진 곳'을 뜻하는데, 핀란드의 올킬루오토 섬에 사용후핵연료(핵폐기물) 영구 처분 시설인 온칼로가 건설되고 있어요.

올킬루오토 섬은 18억 년 된 화강암으로 이루어졌어요. 핀란드는 이곳을 부지로 선정, 2004년부터 지그재그 형태로 바위 속 500m 깊이까지 파고들어 5km 길이의 터널을 뚫을 예정이에요. 핵폐기물은 터널에서 다시 가지를 뻗은 작은 굴속에 점토와 함께 묻히게 돼요. 2020년까지 완공해서 100년간 9000톤 정도의 핵폐기물을 저장한대요. 그리고 2120년에는 이 시설을 콘크리트로 완전히 메운 뒤 폐쇄할 예정이랍니다.

이 저장고는 최소 10만 년을 견디게 설계했어요. 10만 년이 지나야 핵폐기물이 내뿜는 방사선이 안전한 수준으로 떨어지기 때문이에요. 온칼로를 설계한 사람들은 이 단단한 암반이 까마득한 미래까지 안정된 상태에 있을 것이라고 전망해요.

그런데 문제는 아득한 훗날 미래의 인류가 온칼로를 발견하고 접근하는 것이에요. 그때도 지구에 사는 사람들이 지금과 같은 언어를 쓴다는 보장도 없고, 종이나 컴퓨터 문서 파일 등 어딘가에 기록을 남겨도 그대로 남아 있으리라 아무도 장담할 수 없지요.

그렇기에 인류의 후손들이 이 시설을 조상들이 숨겨 놓은 '보물이나 유적'으로 오해하고 열어 방사선이 새어 나온다면 크나큰 비극이지요. 이런 문제 외에도 핀란드의 환경 단체들은 걱정이 많아요. 오랜 세월이 지난 뒤 지하수의 영향으로 폐기물의 방사성 물질이 바다로 흘러들거나 빙하기가 닥쳐 화강암 암반이 갈라지지 않을지 말이에요.

국제원자력기구(IAEA)에서 정한 원자력 사고 수준 7단계

Level 7 — 아주 심각한 사고로 광범위한 지역에 방사성 물질이 새어 나가 엄청난 재앙이 일어나요.

Level 6 — 대형 사고로 방사성 물질이 외부로 대량 새어 나갔어요. 사고 지점에서 신속하게 대피하지 않으면 죽어요.

Level 5 — 시설 내의 위험을 동반한 사고이며, 1명 이상이 방사선 피폭으로 사망했어요. 방사성 물질이 주변 지역으로 조금 새어 나갔어요. 이때부터 주변 지역에 대한 경고가 내려져요.

Level 4 — 시설 바깥으로 위험이 예상되는 수준으로, 방사성 물질이 외부로 유출되어 피난을 시켜야 해요. 원자로 격벽의 일부가 파손된 상황으로 이때부터 멜트다운(노심 용해) 또는 원자로 용해가 시작돼요.

Level 3 — 중대한 상황이에요. 1명 이상이 방사선에 피폭당한 경우예요.

Level 2 — 뭔가 문제가 생겼어요. 점점 심각해지는 상황이에요.

Level 1 — 뭔가 보통에서 벗어난 사건이 터졌지만 아직은 큰 문제가 안 되는 정도예요.

Level 0 — 아무 일 없는 평상시를 말해요.

8 바다 휴가 비상 경계령

아라네와 휴가 가기로 약속한 날, 나모름 여사는 집안일을 하면서 노노 씨와 새날이를 계속 힐끔댔다. 이상하게 두 부자가 태연했다. 지난번 시그널한테 원자력의 위험성에 대해 배운 뒤 바다로 휴가를 못 가게 했을 때는 펄쩍펄쩍 뛰고 난리를 쳤으면서.

'흥! 이제야 원자력이 얼마나 무서운지 제대로 안 게지. 암!'

나모름 여사는 흐뭇한 미소를 띠며 장바구니를 챙겨 들었다.

"시장에 다녀올게. 휴가 못 가는 대신 점심은 진수성찬을 차려 줄 테니 기대하시라!"

흥얼흥얼 콧노래를 부르며 집을 나서는 나모름 여사. 머릿속으로는 바다 대신 갈 휴가지를 고르느라 바빴으니…….

"엄마 차 타고 떠나셨어요."

"멀리 재래시장까지 갔으니 돌아오려면 한참 걸리겠지."

"준비 다 해 놓으셨죠?"

"내가 누구냐? 꼼꼼하고 부지런하고 알뜰한 노노 씨가 아니더냐?"

"저도 준비 다 됐어요. 빨리 아라 아빠한테 연락하세요."

"이미 문자 보내 놓았다. 출발한다는 답도 왔고."

두 부자는 아라 아빠의 차를 타고 바다로 떠났다. 그사이 나모름 여사는 느긋하게 장을 보았다. 남편과 아들 먹일 고기며 생선이며 채소들을 잔뜩 샀다. 나간 김에 미용실도 들렀다. 미용실에서는 휴가지로 경치 좋고 시원한 계곡을 추천 받았다. 정말 나오길 잘했다.

나모름 여사는 당장 차 시동을 걸었다. 시그널이 허둥지둥 쫓아왔다. 마침 아라와 새날이의 휴가 소식을 알게 된 지호가 새날이네 집 앞을 어슬렁대다가 얼씨구나 하고 차에 올랐다. 고속도로로 들어서니 차가 많이 밀렸다. 나모름 여사는 조바심에 입술이 바짝바짝 말랐다.

100년 안에 없어질 화석연료

그런 에너지가 있어?
태양광 에너지 정도는 나도 아는데.

지금 세계적으로 많은 연구가 진행되고 있어요.
이미 존재하던 화석연료 에너지와는 다른
새로운 에너지. 그걸 바로 신재생 에너지라고 해요.

화석연료

화석연료란 고대의 생물이 땅속에 묻혀 오랜 세월 높은 온도와 강한 압력을 받아 화석처럼 굳어져 생성된 것이에요. 대표적으로 석유, 석탄, 천연 가스 등이 있어요. 현재 인류가 이용하는 에너지 대부분이 화석연료로, 현대사회에서 아주 중요한 자원이지요.

사람들은 화석연료를 이용하여 공장에서 물건을 만들어 내고 자동차나 비행기, 배 등 탈것들을 이용해 물건을 사고팔았어요. 인간이 에너지를 활용하기 시작하면서 눈부신 발전을 이룰 수 있던 것도 화석연료 덕분이지요. 하지만 화석연료는 많은 환경문제를 일으키고 자원도 한정되어 있어서, 깨끗하고 안전한 다른 에너지를 찾는 게 인류의 최대 과제가 되었어요.

주차장 같던 고속도로를 겨우 빠져나온 나모름 여사. 지금부터 어디로 가야 할지 헷갈렸다. 시그널만 믿고 떠났는데, 시그널은 쿨쿨 잠만 잤다. 나모름 여사는 불안하고 초조했다.

시그널, 잠만 잘래? 고속도로 다 빠져나왔다고. 어디로 가야 두 사람을 찾지?

아함! 차가 가다 서다 하니까 너무 졸려요.

저도요!

운전하는 나도 있는데 뭐가 그렇게 졸려?

운전하는 사람이야 당연히 정신 바짝 차려야죠. 헤헤!

어서 안테나로 신호 좀 잡아 봐. 두 사람이 어디 있는지.

방사성 물질이 흘러 다니는 바다에 몸을 담그고 희희낙락하고 있을 아들과 남편을 생각하니 애가 닳았다.

　　나모름 여사는 할 수 없이 최북단 해수욕장으로 차를 몰았다. 이 방법밖에는 달리 뾰족한 수가 없었다.
　　해수욕장을 열 군데쯤 돌았을 때 시그널이 갑자기 소리쳤다.
　　"앗, 바다가 아니에요. 신호가 산에서 잡혀요!"
　　"뭐? 어째서 산에서 잡혀? 진짜 고장 난 거 아니야?"
　　"섭섭한 말씀 마시고요, 저기 보이는 저 산으로 가세요."
　　"저 산은 풍력발전소가 있는 곳이잖아."
　　차는 커다란 회전날개가 천천히 돌아가는 풍력발전단지로 향했다.

 산꼭대기 전망대에 그렇게 찾아 헤매던 '그들'이 있었다. 지호가 반가움에 둘을 끌어안고 방방 뛰었다. 하지만 새날이는 아라와 둘만의 시간이 사라져서 왠지 아쉬웠다.
 나모름 여사는 아들과 남편을 보자 눈물이 핑 돌았다. 괘씸했던 마음은 어느새 눈 녹듯이 사라졌다.

"하하, 너무 걱정 마세요. 원자력발전에 쓰는 냉각수는 원자로나 터빈과 완전히 분리된 배관을 따라 흐르기 때문에 방사성 물질에 오염될 수가 없어요. 다 쓴 냉각수는 데워져서 이를 '온배수'라고 하는데, 쓰임새가 아주 많아요. 한겨울에도 어패류를 양식할 수 있어 난방비를 절감하고, 치어를 양식하여 주변 바다에 방류해서 인근 어촌의 소득증대에 도움을 주고 있어요. 또 겨울철에 제설 작업에도 쓰여서, 염화칼슘 사용량을 줄일 수 있지요. 온배수 낚시터나 농가, 식물원, 아쿠아리움 등에도 활용하지요."

아라 아빠의 설명에 시그널이 보탰다.

"맞아요. 하지만 원자력발전은 한번 사고가 나면 인류에게 엄청난 재앙이기 때문에, 많은 나라들이 탈원전 정책을 펴기도 한답니다. 화석연료와 원자력 에너지를 대신할 수 있는 신재생에너지 개발을 위해, 그리고 안전한 대한민국과 나아가 세계 인류를 위해 우리 모두 노력하자고요."

"그래, 우리 모두 노력!"

신재생에너지란?

신재생에너지는 신에너지와 재생에너지를 합쳐 부르는 말이에요. 우리나라는 미래에 사용될 신재생에너지로 11개 분야를 지정하였어요. **신에너지**에는 연료전지, 수소에너지 석탄 액화·가스화가 있고, **재생에너지**에는 태양열, 태양광발전, 바이오매스, 풍력, 소수력, 지열, 해양에너지, 폐기물에너지가 있어요.

태양열

태양열에너지는 태양의 열을 이용하는 에너지예요. 온실가스가 발생하지 않는 무공해이며 무한한 에너지원이지요. 전기를 생산하는 태양열발전에 활용할 수도 있고, 가정이나 건물의 난방, 냉방, 온수에 이용할 수 있어요.

태양광발전

태양광발전은 태양의 빛에너지를 전기에너지로 바꾸는 발전 방식을 말해요. 햇빛이 비추는 곳이라면 어디서든 전기를 만들 수 있고, 환경오염 물질을 배출하지 않는 친환경 발전이에요.
흐린 날에도 이용할 수 있고, 지붕에도 작게 설치할 수 있어서 가정에서도 많은 관심을 받고 있답니다.

바이오매스

가축의 똥과 오줌, 곡물과 식물, 해조류, 음식물 쓰레기 등을 발효시키거나 열분해하면 메탄, 에탄올, 수소 등의 바이오가스라는 기체가 나와요. 이것으로 난방이나 자동차 연료, 전기를 만들 수 있어요.

풍력발전

바람의 힘을 이용하여 날개를 돌려 전기를 일으켜요. 풍력발전은 환경오염을 일으키지 않는 청정에너지에요.
현재 우리나라 풍력발전소는 제주도를 비롯해 전국 11개 시도에 설치돼 있어요. 하지만 소음이나 생태계 교란, 산림훼손 등 많은 문제점들도 나타나고 있어요.

소수력

소수력에너지는 주로 강이나 하천, 호수 등의 물의 흐름(낙차)을 이용한 수력발전이에요. 자연적으로 형성된 경사에 따른 낙차를 이용하거나 인공적으로 댐을 건설해 에너지를 얻어요.

석탄액화·가스화

석탄이나 중질잔사유(원유를 정제한 후 남은 최종 찌꺼기) 등의 저급원료를 휘발유, 디젤 등의 액체연료(액화)로 바꾸거나 합성가스(가스화)로 만든 뒤 이를 사용하여 발전기를 돌려 전기에너지를 생산해요.

폐기물에너지

가정이나 산업현장에서 나오는 폐기물 중 에너지 함량이 높은 폐기물을 태우거나 열분해, 가스화시켜 얻는 에너지예요. 폐기물은 가격이 낮고 수거가 쉬워 경제성이 높아요. 쓰레기 매립을 줄일 수 있어 환경오염 방지 효과도 있어요. 신재생에너지 중 가장 기대되는 에너지원이에요.

연료전지

수소와 산소의 화학반응으로 생기는 화학에너지를 전기에너지로 변환시키는 기술이에요. 연료로는 수소를 포함하고 있는 천연가스, 메탄올, LPG 등이 사용되어요. 에너지 효율이 높고 친환경적이라서 발전용, 건물용, 가정용, 차량용으로 사용되며 더 많은 분야로 넓혀 가고 있어요.

수소에너지

기체 중에서 가장 가벼운 수소는 스스로 타는 성질이 있어요. 그래서 다른 물질이나 높은 온도를 만나면 폭발해요. 이 폭발력을 이용하여 운동에너지로 바꿔 활용하거나 수소를 다시 분해하여 에너지원으로 활용하는 기술이에요. 공기 중에 무한한 수소는 세상을 바꿀 인류의 마지막 청정 에너지로 주목받고 있어요.

지열에너지

땅속 깊이에 있는 마그마나 뜨거운 물 등을 이용하는 에너지예요. 오래전부터 온천의 형태로 이용되어 왔으며, 화산지대에 위치한 일본, 필리핀, 아이슬란드 등은 뜨거운 물을 이용해 난방과 전기 생산을 하고 있어요.

해양에너지

바닷물을 이용하여 얻는 에너지예요. 출렁이는 파도의 공기를 압축시켜 발전기를 돌리는 파력에너지, 밀물을 가두어 두었다가 썰물 때 내보내며 전기를 얻는 조력에너지, 바닷물의 흐름이 센 장소를 이용한 조류에너지, 바닷물의 온도차를 이용한 발전 방식이 있어요.

• 작가의 말 •

전자 쓰레기 제로에 도전해요!

여러분은 할머니 할아버지한테서 '세상 참 좋아졌다'라는 말 들어 보았을 거예요. 흔히 전자 기기 제품의 발달을 얘기할 때 자주 하지요.

제가 어릴 때는 가전제품이 거의 없었어요. 어쩌다 몇몇 부잣집에나 있는 텔레비전을 빼면 보통의 가정에는 라디오 정도가 있을 뿐이었어요. 물론 그때도 세탁기나 냉장고가 나왔다고 하지만 전 보지도 못했는걸요.

그 시절, 저는 텔레비전을 보는 대신 라디오를 듣거나 소설책을 좋아하던 아버지한테서 옛날이야기를 들으며 상상력을 키웠어요. 아이들이 볼 만한 동화책도 흔치 않던 시절이었으니까요. 때로는 빨래하러 가는 엄마를 따라 냇가에 가서 친구들과 물장구를 치고, 조약돌을 줍고, 풀피리를 불며 신나게 놀았지요.

지금은 어떤가요?

'이 제품이 가장 새롭고 가장 뛰어나다'며 최신 스마트폰, 노트북, 텔레비전, 냉장고, 세탁기, 에어컨 등이 하루가 멀다고 쏟아져 나오지요. 그런데 우리는 그토록 열광하던 제품에 금세 싫증을 내요. 그러고는 또다시 새로 나온 다른 제품을 찾지요. 버리고 새로 사고, 버리고 새로 사고.

그렇다면 우리가 쓰고 버린, '쓰레기'나 '폐품'이란 이름이 붙은 그 많은 전자 기기 제품은 어디로 갈까요? 필요한 부품을 꺼내 재활용을 한다 해도 다시 쓸 수 없는 부품들이나 제품의 껍데기들은 어떻게 처리할까요?

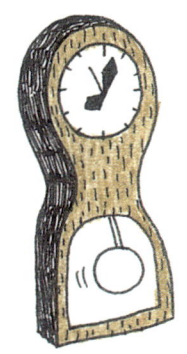

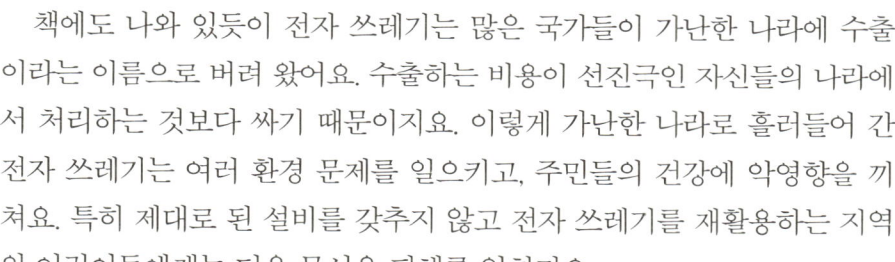

　책에도 나와 있듯이 전자 쓰레기는 많은 국가들이 가난한 나라에 수출이라는 이름으로 버려 왔어요. 수출하는 비용이 선진국인 자신들의 나라에서 처리하는 것보다 싸기 때문이지요. 이렇게 가난한 나라로 흘러들어 간 전자 쓰레기는 여러 환경 문제를 일으키고, 주민들의 건강에 악영향을 끼쳐요. 특히 제대로 된 설비를 갖추지 않고 전자 쓰레기를 재활용하는 지역의 어린이들에게는 더욱 무서운 피해를 입히지요.

　전자 기기 제품은 우리의 삶을 더욱 편하고 윤택하게 해 주어요. 그리고 우리는 이미 편리하고 멋진 물건들을 가지고 있어요. 새로운 제품이 나왔다고 해서 멀쩡한 물건을 버리고 새로 사는 것이 최선은 아니라는 말이에요.

　우리나라 사람들은 휴대전화를 평균 27개월마다 한 번씩 바꾼다고 해요. 하지만 인도 사람들은 휴대전화를 한 번 사면 7년을 넘게 쓴다지요.

　여러분! 이 책에 나오는 노노 씨가 너무 심하다고 생각되나요? 물론 현실에서 이런 어른을 찾기란 쉽지 않지만요. 전자 기기 제품을 대하는 노노 씨의 자세를 구닥다리라고만 생각하지 마세요. 노노 씨는 생활의 편리함이나 윤택함 대신 누군가를 위험에 빠뜨리지 않기 위해 노력하는 것이니까요.

　여러분도 노력하실 거지요? 저도 늘 노노 씨의 자세를 잊지 않고 본받겠다고 약속할게요.

참고 도서 및 사이트

《디지털 쓰레기》(엘리자베스 그로스만, 팜파스, 2008)
《1등이 목표가 아니야》(김이경, 나무야, 2017)
《사라진 내일–쓰레기는 어디로 갔을까》해더 로저스, 삼인, 2009)
《생활과 도시광산》(고재철 외, GS인터비전, 2018)
《원자력과 방사성 폐기물》(박정균, 행복에너지, 2017)
《원자력 논쟁》(서울대학교 사회발전연구소, 한울, 2017)
《두 얼굴의 에너지, 원자력》(김성호, 길벗스쿨, 2016)
《원자력상식사전》(원자력상식사전 편찬위원회, 박문각, 2016)

환경미디어 www.ecomedia.co.kr
한국전기안전공사 www.kesco.or.kr
한국원자력연구원 www.kaeri.re.kr
한국원자력환경공단 www.korad.or.kr
한국에너지기술연구원 www.kier.re.kr

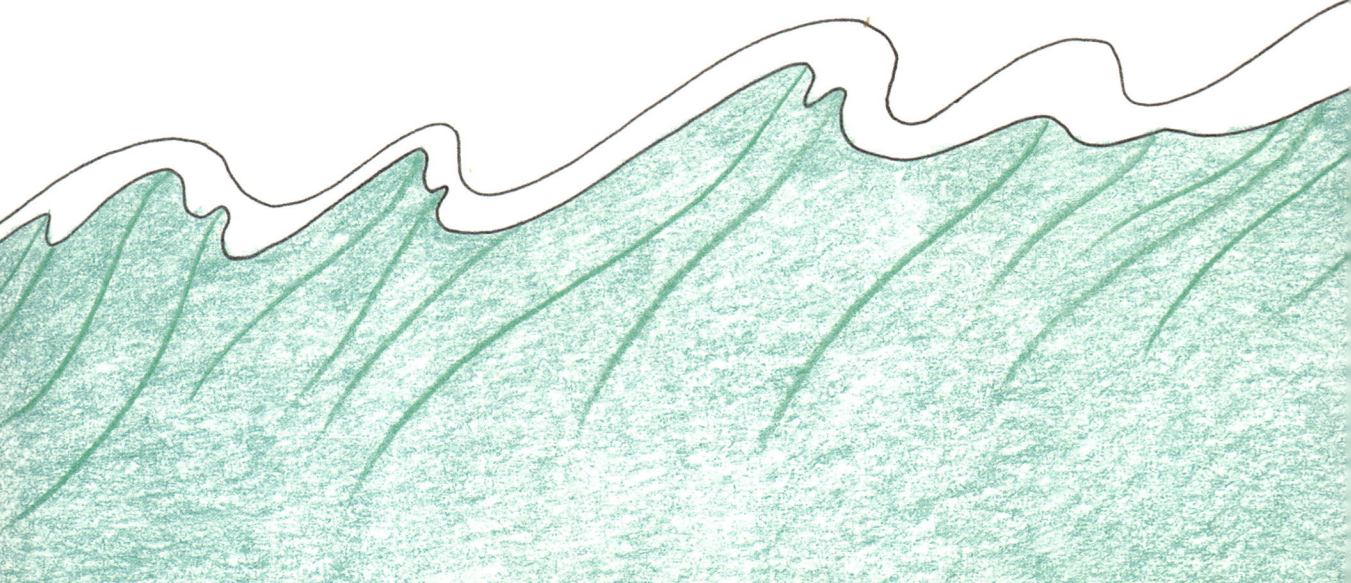

지구를 살리는 어린이 09
내 스마트폰이 아프리카에 있대요

초판 1쇄 발행 2019년 3월 12일　**초판 7쇄 발행** 2023년 6월 22일

글 양혜원　**그림** 소복이
펴낸이 이승현

출판3 본부장 최순영
교양 학습 팀장 김솔미　**편집** 윤지현
키즈 디자인 팀장 이수현　**디자인** 오세라

펴낸곳 ㈜위즈덤하우스　**출판등록** 2000년 5월 23일 제13-1071호
주소 서울특별시 마포구 양화로 19 합정오피스빌딩 17층
전화 02)2179-5600　**홈페이지** www.wisdomhouse.co.kr　**전자우편** kids@wisdomhouse.co.kr

ⓒ양혜원, 2019
ISBN 978-89-6247-168-7 74530
　　　978-89-6247-349-0(세트)

* 이 책의 전부 또는 일부 내용을 재사용하려면 반드시 사전에 저작권자와
  ㈜위즈덤하우스의 동의를 받아야 합니다.
* 인쇄·제작 및 유통상의 파본 도서는 구입하신 서점에서 바꿔드립니다.
* 이 책의 사용 연령은 8~13세입니다.
* 책값은 뒤표지에 있습니다.